BEI GRIN MACHT SICH IHR
WISSEN BEZAHLT

- Wir veröffentlichen Ihre Hausarbeit,
  Bachelor- und Masterarbeit

- Ihr eigenes eBook und Buch -
  weltweit in allen wichtigen Shops

- Verdienen Sie an jedem Verkauf

Jetzt bei www.GRIN.com hochladen
und kostenlos publizieren

GRIN

Bibliografische Information der Deutschen Nationalbibliothek:

Die Deutsche Bibliothek verzeichnet diese Publikation in der Deutschen National-
bibliografie; detaillierte bibliografische Daten sind im Internet über http://dnb.d-
nb.de/ abrufbar.

Impressum:

Copyright © 2016 GRIN Verlag, Open Publishing GmbH
Druck und Bindung: Books on Demand GmbH, Norderstedt Germany
ISBN: 9783668519534

Dieses Buch bei GRIN:

http://www.grin.com/de/e-book/374745/anamnese-beweglichkeitstestung-beweg-
lichkeitstraining-und-koordinationstraining

Sarah Andrina Heimann

Anamnese, Beweglichkeitstestung, Beweglichkeitstraining und Koordinationstraining. Sportpraktische Ausführungen

GRIN Verlag

GRIN - Your knowledge has value

Der GRIN Verlag publiziert seit 1998 wissenschaftliche Arbeiten von Studenten, Hochschullehrern und anderen Akademikern als eBook und gedrucktes Buch. Die Verlagswebsite www.grin.com ist die ideale Plattform zur Veröffentlichung von Hausarbeiten, Abschlussarbeiten, wissenschaftlichen Aufsätzen, Dissertationen und Fachbüchern.

Besuchen Sie uns im Internet:

http://www.grin.com/

http://www.facebook.com/grincom

http://www.twitter.com/grin_com

Deutsche Hochschule für

Prävention und Gesundheitsmanagement

Hermann Neuberger Sportschule 3

66123 Saarbrücken

Einsendeaufgabe

Fachmodul:	Trainingslehre III
Studiengang:	Fitnessökonomie Bachelor of Arts
Datum Präsenzphase:	09.05.2016 – 11.05.2016
Name, Vorname:	Heimann, Sarah Andrina
Studienort:	**Leipzig**
Semester:	**SS 2014**

Inhaltsverzeichnis

1 Personendaten

Tab. 1: Allgemeine Personendaten

Allgemeine Daten	Testperson X
Alter	22 Jahre
Geschlecht	Weiblich
Körpergröße	174 Zentimeter (cm)
Körpergewicht	66 Kilogramm (kg)
Trainingsmotive	Verbesserung der Beweglichkeit und Koordination (Ganzkörper)
Berufliche Tätigkeit	Dualstudentin; Fitnesstrainer
Frühere sportliche Aktivität	• Von 6-18 Jahren Revuetanz-Training à 2 Stunden (Std.) 2 - 3x Training/Woche (2000-2012) • Zumba Fitness à 1 Std. 2x/Woche als Kurstrainerin (2013-2015) • Schulsport à 1 Std. 2-3x/Woche (2000-2012)
Aktuelle sportliche Aktivität	• Kraftausdauer-Training an Geräten + freie Uebungen à 1,5 Std. 2-3x/Woche • Zumba-Fitness à 1 Std. 1x/Woche
Zeitlicher Verfügungsrahmen	• 1 Std. 2x/Woche

Tab. 2: Allgemeiner Gesundheitszustand

Allgemeiner Gesundheitszustand	Testperson X
Orthopädische/ Internistische Probleme	-
Ärztliche Behandlungen	-
Einnahme von Medikamenten	Anti-Baby-Pille; täglich
Gesundheitliche Einschränkungen	-
Ruhepuls	67 Schläge/Minute
Blutdruck	115 mmHg systolisch, 79 mmHg diastolisch,
BMI	21,8

Tab. 3: Normwerte der Gesundheitsparameter

Gesundheitsparameter	Normwerte	Auswertung
Ruhepuls	60-80 Schläge pro Minute	Normbereich
Blutdruck	Systolisch <120 mmHg Diastolisch <80 mmHg	Optimal
BMI	18,5-24,9	Normalgewicht

Als Ergänzung zu ihrem wöchentlichen Training möchte die Probandin ihre Beweglichkeit, sowie ihre Koordination verbessern. Die Werte vom Ruhepuls, Blutdruck & BMI liegen im Normbereich (Eifler, 2015, S. 179; World Health Organisation). Die Anamnese weist weiterhin keine gesundheitlichen Einschränkungen auf, wodurch die Beweglichkeitstestung ohne Einschränkung stattfinden kann.

2 Beweglichkeitstestung

Es wird eine Beweglichkeitstestung nach dem manuellen Beweglichkeitstest nach Janda (2000) vorgenommen. Die Durchführungen der jeweiligen Testübungen werden einzeln erläutert & folglich die Ergebnisse zusammengefasst dokumentiert.

Tab. 4 Beweglichkeitstestung

Muskelgruppe	Durchführung	Richtwerte
M. pectoralis major	• Proband in Rückenlage auf Behandlungsliege • Beine angewinkelt (für Beckenfixierung), Füße aufgestellt • Proband liegt am äußeren Rand der Liege, freier Bewegungsspielraum für testenden Arm	• Stufe 0: Keine Beweglichkeitsdefizite; Horizontale des Oberarms erreicht; Durch Druck des Testers gelangt Oberarm unter Horizontale • Stufe 1: Leichte Beweglichkeitsdefizite; Horizontale Lage des

	• Arm nach außen rotiert und abduziert • Schulter- & Ellenbogengelenk in 90° Winkel • Durchführender fixiert Brustkorb der Testperson ohne Druck • Horizontale Lage des Oberarms beurteilen	Oberarms nur durch leichten Druck von Tester erreichbar • Stufe 2: Deutliche Beweglichkeitsdefizite; Horizontale Lage des Oberarms durch Druck von Tester nicht erreichbar
M. iliopsoas	• Proband in Rückenlage auf Behandlungsliege • Gesäß schließt mit Liegenrand ab; Beine frei hängend • Proband zieht ein Bein an eigene Brust; dabei keine Hyperlordose im Lendenwirbelsäulenbereich; Becken fixiert • Position des Oberschenkels im Verhältnis zu Körperlängsachse beurteilen	• Stufe 0: Keine Beweglichkeitsdefizite; Horizontale im Oberschenkel erreicht; Durch leichten Druck des Testers gelangt Oberschenkel unter Horizontale • Stufe 1: Leichte Beweglichkeitsdefizite; Leichte Hüftbeugestellung; Durch Druck des Durchführenden gelangt Oberschenkel in Horizontale • Stufe 2: Deutliche Beweglichkeitsdefizite; Horizontale des Oberschenkels durch Druck des Testers nicht erreichbar
M. rectus femoris	• Rückenlage auf Liege als Ausgangsposition • Gesäß schließt mit Liegenrand ab; Beine im Ueberhang • Proband zieht wahlweise ein Bein maximal an eigene Brust ran • Gegenbein wird von Tester im maximalen Hüftextensionswinkel fixiert • Dabei Unterschenkel so nah wie möglich an Oberschenkelrückseite	• Stufe 0: Keine Beweglichkeitsdefizite; Unterschenkel hängt senkrecht; Durch Druck durch Durchführenden gelangt Unterschenkel näher Richtung Liege • Stufe 1: Leichte Beweglichkeitsdefizite; Unterschenkel leicht nach vorn gestreckt; leichter Druck durch Tester führt zu 90° Kniebeugewinkel • Stufe 2:

	• Abheben der Hüfte oder Hyperlordose der Lendenwirbelsäule (LWS) verhindern	Deutliche Beweglichkeitsdefizite; deutliche Streckung des Unterschenkels; 90° Kniebeugewinkel durch Druck von Tester nicht erreichbar
Mm. ischiocrurales	• Proband liegt in Rückenlage auf Liege • Nicht zu testende Bein auf Liege aufstellen • Test-Bein wird gestreckt von Durchführenden in maximal mögliche Hüftflexion gebracht; dabei nicht auf Patella zur Fixierung drücken • Messbereich ist der Winkel zwischen Longitudinalachse und Beinachse • Hyperlordose in der LWS oder Abheben vom Becken vermeiden; Test-Bein bleibt gestreckt; Gegenbein bleibt angestellt	• Stufe 0: Keine Beweglichkeitsdefizite; 90° Hüftflexion möglich • Stufe 1: Leichte Beweglichkeitsdefizite; 80°–90° Hüftflexion möglich • Stufe 2: Deutliche Beweglichkeitsdefizite; Hüftflexion nur <80° möglich
Mm. triceps surae	• Proband in Rückenlage auf Liege liegend • Nicht zu testendes Bein auf Liege aufstellen • Test-Bein gestreckt; distale Hälfte vom Unterschenkel reicht über Liegenende • Tester greift mit einer Hand distal am Fersenbein; Hauptzug an Ferse ausüben (distalwärts) • Vorfuß von Daumen der anderen Hand mit maximaler Dorsalextension zum Schienbein drücken • Druck mit Daumen am äußeren Fußrand	• Stufe 0: Keine Beweglichkeitsdefizite; Dorsalextension mind. Bis 0° möglich (90° zwischen Unterschenkel und Fuß) • Stufe 1: Leichte Beweglichkeitsdefizite; Dorsalextension möglich; jedoch keine 0° Stellung • Stufe 2: Deutliche Beweglichkeitsdefizite; Dorsalextension nur bis 10° unterhalb der 0° Position möglich

- Um M. soleus isoliert zu
  testen Kniegelenk nach
  Erreichen der maximalen
  Dorsalextension beugen;
  Tester versucht Bewe-
  gungsumfang zu vergrö-
  ßern

Tab. 5: Ergebnisse der Beweglichkeitstestung

Muskelgruppe	Testergebnis	Stufe	Auswertung
M. pectoralis major	Oberarm ohne Druck durch Tester bereits in Horizontale	0 (beidseitig)	Keine Beweglichkeits-defizite
M. iliopsoas	Rechter Oberschen-kel nur durch Druck in Horizontale, linker Oberschenkel ohne Krafteinwirkung in Horizontale	1 (rechts); 0 (links)	Keine Beweglichkeits-defizite; jedoch Diffe-renzen bei rechts/ links
M. rectus femoris	Beide Unterschenkel hängen bei Testung senkrecht herab	0 (beidseitig)	Keine Beweglichkeits-defizite
Mm. ischiocrurales	Hüftflexion mit rech-tem Bein hängend 90° möglich; bei lin-kem Beim muss Tes-ter leichten Druck ausüben	0 (rechts); 1 (links)	Keine Beweglichkeits-defizite; jedoch Diffe-renzen bei rechts/ links
Mm. triceps surae	Dorsalextension so-gar über 0° möglich	0 (beidseitig)	Keine Beweglichkeits-defizite

3   Trainingsplanung Beweglichkeitstraining

Der zeitliche Verfügungsrahmen der Probandin lässt für das Beweglichkeitstraining eine Trainingshäufigkeit von 2 zusätzlichen Einheiten à 30 Min. (Minuten) pro Woche zu. Um das Trainingsziel zu erreichen, wird ein Mobilitätstraining mit einem Belastungsgefüge von 3 Sätzen und einer Dehndauer von 45 Sekunden (Sek.) bei statischer Dehnung für die Probandin festgesetzt. Diese Art der Dehnung erzielt bereits eine Verbesserung des vollständigen Bewegungsablaufes (Schönthaler & Ohlendorf, 2002). Bei aktiven Dehnübungen führt die Person X die Bewegungen langsam und sicher über einen Zeitraum von 45 Sek. aus. Auch hierbei werden 3 Sätze ausgeführt. Zwischen allen Sätzen werden 10 Sek. Pause angesetzt. Das gesamte Beweglichkeitstraining wird nach dem eigentlichen Krafttraining der Probandin durchgeführt.

Die zuvor durchgeführte Beweglichkeitstestung wies einseitige Bewegungsdifferenzen bei M. iliopsoas & Mm. ischiocrurales auf. Hierauf wird ein Augenmerk in der Trainingsplanung gelegt. Um die Beweglichkeit ganzkörperlich zu steigern, werden alle großen Muskelgruppen im Trainingsplan berücksichtigt. Folglich wird genauer auf die Trainingsplanung eingegangen.

Tab. 6: Trainingsplanung Beweglichkeit

Zielmuskulatur	Übung/ Ausführung	Dehnmethode
Hüftbeugemuskulatur: M. iliopsoas/ M. rectus femoris	Die Ausgangsposition ist der Kniestand. Ein Fuß wird in einem großen Schritt nach vorne aufgestellt und das hintere Bein liegt mit dem Unterschenkel auf dem Boden. Schließlich wird die Hüfte aktiv nach vorne gedrückt. Der Oberkörper bleibt hierbei stets aufrecht. Schwerpunkt bei dieser Uebung liegt bei der Dehnung des rechten Beines, weshalb dieses mit einem Satz zusätzlich gedehnt wird.	Passiv-statisch
Kniebeugemuskulatur: M. biceps femoris/ M. semitendeninosus/ M. semimenbranosus	Der Proband liegt in Rückenlage und zieht wahlweise ein gestrecktes Bein mit den Händen an seine Brust. Dabei bleibt das liegende Bein gestreckt & die Hüfte stabil auf dem Boden liegend. Nun wird das Bein bestmöglich an die Brust herangezogen und wieder nach vorne gelöst.	Passiv-dynamisch

	Dieser Vorgang wird alternierend wiederholt. Zu betonen ist die Dehnung des linken Beines, da hier Differenzen zum rechten Bein vorliegen. Durch einen zusätzlichen Satz wird das Belastungsgefüge hierfür erhöht.	
Vordere Oberschenkelmuskulatur: M. quadtriceps femoris	Der Proband steht aufrecht und sicher auf dem Boden. Ein Unterschenkel wird wahlweise nach hinten gebeugt. Zusätzlich greift der auf der gleiche liegende Arm das gehobene Schienbein und zieht es an das Gesäß heran. Die Oberschenkel sollten sich parallel zueinander befinden & das Becken stabilisiert sein. Schließlich drückt der Proband die Hüfte aktiv nach vorne.	Aktiv-statisch
Gerade Bauchmuskulatur: M. rectus abdominis	Die Ausgangsstellung ist die Bauchlage, wobei die Hände seitlich nah am Körper auf Brusthöhe auf dem Boden aufgelegt werden. Nun drückt der Proband seinen Oberkörper von der Unterlage weg und richtet den Blick nach oben. Die Beine bleiben dabei so gut wie möglich auf der Matte liegen. Die Flexion des Oberkörpers ist größtmöglich.	Passiv-statisch
Seitliche Bauchmuskulatur: M. quadratus lomborum M. transversus abdominis M. obliquus abdominis	Der Proband nimmt den Kniestand ein und streckt Arme und Oberkörper nach oben. Die Hüfte bleibt während der Uebung stabil. Der Oberkörper wird zur Seite geneigt, wobei dieser nicht	Passiv-statisch

	nach rechts oder links rotiert. Die Streckung der Arme bleibt bestehen. Nach dem 30 sekündigem Halten kehrt der Proband in die Ausgangstellung zurück und wechselt die Seite.	
Rückenstrecker: M. erector spinae	Die Ausgangsposition ist der Vierfüßlerstand. Hierbei sind in Schultern und Knien jeweils 90° Winkel. Nun wird die Bauchmuskulatur aktiv angespannt und die Wirbelsäule nach oben gedrückt. Eine maximale Flexion (Katzenbuckel) der Wirbelsäule wird eingenommen und wieder gelöst. Anschließend wird die Bauchspannung vollständig gelöst und eine Extension der Wirbelsäule (Hohlkreuz) vorgenommen. Diese Stellungen werden abwechselnd durchgeführt. Ist der Rücken gerade ist die Ausgangsstellung wieder erreicht.	Aktiv-dynamisch
Brustmuskulatur: M. pectoralis major M. deltoideus pars clavicularis	In einem stabilen Stand beginnt der Proband die Uebung. Für diese wird eine Wand als Widerstand benötigt. Die Person stellt sich frontal gegen die Wand. Der zu dehnende Arm wird sowohl im Schulter- als auch im Ellenbogengelenk 90° nach außen rotiert und liegt dabei mit dem Unterarm nach oben gerichtet an der Wand an. Um die Brustmuskulatur zu dehnen dreht sich der Pro-	Postisometrisch

	band nun von dem angewinkelten Arm weg, dieser bleibt fixiert an der Wand. Für die postisometrische Dehnung nimmt die Person die Grundstellung ein und drückt nun aktiv mit dem Unterarm für 10 Sek. gegen die Wand. Anschließend entspannt sie die zuvor angespannte Muskulatur der Brust für 3 Sek. Nun wird die Dehnposition vom Probanden für 20 Sek. Eingenommen. Dieser Vorgang wird insgesamt 3 durchgeführt, wobei eine zunehmend größere Dehnweite eingenommen werden soll. Die Dehnung geschieht hierbei über insgesamt circa 60 Sek. Dauer (Hohmann, Lames & Letzelter, 2002, S. 100; Sölveborn, 1983, S. 13).	
Schulter: M. deltoideus pars spinata	Für die Dehnung der Schulter steht der Proband stabil und nimmt einen Arm vor die Brust. Dieser zu dehnende Arm ist 90° im Ellenbogengelenk angewinkelt und wird von der anderen Hand nun am Oberarm gegriffen. Der nicht zu dehnende Arm zieht den anderen bestmöglich an die Brust heran.	Passiv-statisch
Nacken: M. trapezius pars descendens	Die Ausgangsstellung ist der aufrechte Stand. Die Person X neigt ihren Kopf zur Seite, wobei die Blickrichtung nach vorne gerichtet ist. Anschließend wird die Schulter, von der sich der Kopf weg neigt	Aktiv-dynamisch

| | aktiv nach unten gezogen um die Dehnung auszuführen. Dynamisch wird die Uebung durch lösen und erneutes herunterziehen der Schulter. | |
| Trizeps:
M. triceps brachii | Der aufrechte Stand ist die Ausgangposition. Wahlweise wird der zu dehnende Arm im Ellenbogen angewinkelt nach oben angehoben. Die Hand des Armes liegt dabei auf der Halswirbelsäule auf. An-schließend greift die Hand des anderen Arms die Ober-armrückseite des zu dehnen-den Arms. Dieser wird nun hinter den Kopf gedrückt bis ein Dehnreiz empfunden wird. | Passiv-statisch |

4   Trainingsplanung Koordinationstraining

Bei der Probandin X handelt es sich um eine Fortgeschrittene im Krafttraining. Hierfür ist sowohl eine gute interdisziplinäre, als auch intradisziplinäre Koordination von Nöten, um die Bewegungsausführungen sicher und effektiv auszuüben. Bei guter Koordination werden neue, schwerere Übungen vom Probanden schneller erlernt, der Körper arbeitet ökonomischer und setzt seine Energie sparsamer ein. Somit wird auch die Ausdauer- und Kraftfähigkeit gesteigert. Aber auch im Alltag oder bei der Arbeit ist man auf seine ko-ordinativen Fähigkeiten angewiesen. Um leistungsorientierter zu trainieren, aber auch um alltägliche Bewegungen mit leichterem Aufwand ausführen zu können, empfiehlt sich ein Koordinationstraining, auch bei jungen und trainierten Menschen. Durch das folgende Training sollen sowohl das Zusammenspiel von verschiedenen beteiligten Muskeln bei einer Bewegung (intermuskuläre Koordination), als auch das Zusammenspiel von Mus-kelfasern und Nerv innerhalb eines Muskels bei einer Bewegung (intramuskuläre Koor-dination) gestärkt werden (Chwilkowski, 2006, S. 9). Das Belastungsgefüge bzw. Trai-ningsprogramm wird propriozeptorisch umgesetzt, mit dem Schwerpunkt der Gleichge-wichts-Schulung. Eine Schulung der Propriozeption steigert die Körperwahrnehmung,

Tiefensensibilität und trägt zur Stabilisierung und Wiederherstellung von physiologischen Gelenkstellungen bei (Häfelinger & Schuba, 2007, S. 24).

Die Probandin nutzt das Koordinationstraining als Erwärmung für ihr wöchentliches Krafttraining & muss somit keinen zusätzlichen Trainingstag einrichten. Zuvor wird eine Aufwärmung von 5 Min. (Ganzkörper) durchgeführt. Das Koordinationstraining erfolgt ohne Schuhe und hat eine Gesamtdauer von 30 Min. pro Einheit. Der Übungsverlauf geht von einfachen, statischen zu komplexen, dynamischen Übungen. Dabei werden die statischen Stellungen 30 Sek. gehalten, die dynamischen Übungen mit 20 Wiederholungen ausgeführt (Chwilkowski, 2006, S. 60-62; Häfelinger & Schuba, 2007, S. 61). Nachdem die Probandin 3 Sätze (zuzüglich Pausen) pro Seite ausgeführt hat, wechselt sie die Seite und wiederholt den Vorgang (bei einseitigen Übungen). Die allgemeinen Kraft-Übungen werden nicht genauer erläutert, da es sich um eine fortgeschrittene Probandin in Bezug auf den Kraftsport handelt.

Tab. 7: Belastungsgefüge mit propriozeptorischer Steigerung

	Belastungsgefüge
Erwärmung	5 Min; Ganzkörper
Gesamttrainingsdauer	30 Min.
Haltedauer bei statischen Uebungen pro Satz	30 Sekunden (Sek.)
Wiederholungszahl bei aktiven Uebungen pro Satz	20 Wiederholungen (Wdh.)
Sätze pro Übung	2 Sätze (pro Seite, bei wechselseitiger Belastung/Uebung)
Pausendauer zw. Sätzen	>45 Sek.

Tab. 8: Trainingsplanung Koordinationstraining

Uebung	Ausführung
Einbeiniger Stand mit geschlossenen Augen	Die Probandin steht aufrecht und verlagert das Gewicht auf ein Bein. Während der ganzen Uebung sind die Augen geschlossen. Das Gleichgewicht wird für 30 Sek. gehalten und schließlich in den aufrechten Stand zurückgekehrt.

Standwaage	Die Person beginnt im stabilen, aufrechten Stand und hebt wahlweise ein Bein nach hinten. Der Oberkörper ist durch eine Bauchspannung stabilisiert und bewegt sich in einer Linie mit dem gestrecktem Bein nach vorne. Die Endposition ist erreicht wenn sich Oberkörper und Beine in einer geraden, horizontalen Linie zum Boden befinden.
Einbeiniger Stand nach Chwilkowski mit Schwingen des Spielbeins (Chwilkowski, 2006, S. 115)	Die Person X steht im Einbeinstand und hebt wahlweise ein Spielbein nach hinten vom Boden ab. Anschließend wird dieses schwungvoll nach vorne und hinten bewegt (20 Wdh.). Ab dem 2. Satz wird die Uebung mit geschlossenen Augen durchgeführt.
Balancieren im Sitz auf Gymnastik-Ball	Die Probandin setzt sich auf einen Gymnastik-Ball und baut eine Körperspannung auf. Schließlich werden die Beine vom Boden gehoben und es wird versucht das Gleichgeweicht für 30 Sek. auf dem Ball zu halten, ohne den Boden mit Füßen oder Händen zu berühren.
Triceps-Drücken auf Balance-Pad am Seilzug	Die Person X steht aufrecht und stabil auf einem Balancepad vor einem Seilzug. Dieser ist mit einem Triceps-V-Griff ausgestattet und ein moderates Gewicht ist für die Probandin eingestellt. Nun wird die Uebung des Trizeps-Drückens ausgeführt und dabei die Balance gehalten. Die Wiederholungszahl beträgt 20 Wdh. pro Satz.
Squat auf Schaumstoff-Kissen	Die Probandin stellt sich stabil und aufrecht mit je einem Bein auf ein Schaumstoff-Kissen. Der Schritt ist Schulterbreit. Anschließend werden Kniebeuge/Squats ausgeführt.
Kreuzheben mit einseitiger Belastung	Die Person X führt Kreuzheben mit einer Langhantelstange aus, welche nur einseitig mit 4 Kg bestückt ist. Ziel hierbei ist es, die Stange während der Ausführung stets horizontal und parallel zum Boden zu halten.
Sit-Ups auf Gymnastik-Ball	Die Person legt sich mit dem Rücken auf einen Gymnastik-Ball, sodass das Gesäß mit dem Ball abschließt und die Beine nicht auf diesem aufliegen. Danach werden Sit-Ups

	von der Probandin durchgeführt und dabei das Gleichgewicht ausbalanciert.
Einbeiniger Squat auf Balance-Pad	Die Probandin steht aufrecht mit einem Bein auf dem Boden, mit dem anderen Bein auf einem Balance-Pad. Der Stand ist schulterbreit. Anschließend hebt die Probandin ein Bein nach hinten und winkelt das Knie nach hinten an. Darauffolgend werden 20 einbeinige Squats ausgeführt und dabei bestmöglich das Gleichgewicht gehalten.
Liegestütze auf Kipp-Brett	Als letzte Uebung begibt sich die Person X in den Kniestand vor ein Kipp-Brett. Anschließend stützt sich die Probandin mit beiden Händen auf das Brett mit möglich weitem Griff. Das Kipp-Brett befindet sich auf Brusthöhe der Person X. Nun werden Sit-Ups ausgeführt, ohne, dass das Brett auf eine Seite kippt und den Boden berührt (bleibt in Schwebe-Position).

5 Literaturrecherche

Tab. 9: Literaturrecherche

Thema: Effekte des Dehnens auf die Bewegungsreichweite bzw. auf die Dehnungsspannung		
	Studie 1: Wie beeinflussen unterschiedliche Dehnintensitäten kurzfristig die Veränderung der Bewegungsreichweite?	Studie 2: Bewegungsreichweite, Zugkraft und Muskelaktivität bei eigen- bzw. fremdregulierter Dehnung.
Wer hat die Studie durchgeführt?	Dr. Franz Marshall	S. Glück, M. Schwarz, U. Hoffmann und G. Wydra
Wo und in welchem Jahr wurde die Studie publiziert?	Deutsche Zeitung für Sportmedizin, Jahrgang 50, Nr. 1 (1999)	Deutsche Zeitung für Sportmedizin, Jahrgang 53, Nr. 3 (2002)

Mit welchen Versuchspersonen wurde die Studie durchgeführt?	• 21 Personen
	  ○ 12 Männer
	  ○ 9 Frauen
		• 27 Personen (Sportstudenten)
		  ○ 16 Männer

	• 66 ± 11 kg • 172,9 ± 8,5 cm • 24,8 ± 3,4 Jahre	○ 11 Frauen • 67,6 ± 9,6 kg • 175,6 ± 7,7 cm • 24,8 ± 1,7 Jahre Sportstudenten mit über- durchschnittlicher Bewegung waren ausgeschlossen (aus Bereichen wie Akrobatik, Turnen oder rhythmischer Gymnastik) (S.68).
Wie war der Versuchsauf- bau der Studie?	Diese Studie handelt von der Testung von submaximalem und maximalem Dehnen. So- wohl die Dehnintensität pro Beinhälfte, sowie die Reihen- folge wurde zufällig gewählt. Mithilfe eines Fragebogens wurden Motivation und Be- findlichkeit der Probanden er- fragt. Anschließend wurden die Teilnehmer durch Zufall die Gruppen „Weiches Deh- nen" und „Maximales Deh- nen" eingeteilt. Auf einem Fahrradergometer bei 1,5 Watt/kg Körpergewicht er- wärmten die Teilnehmer ihre ischiocrurale Muskulatur. Da- nach wurde in einem Vortest die maximale Dehnung ermit- telt. Die Untersuchungen fan- den auf einem Messtisch bei 22°C ± 1,1°C statt. Mithilfe einer elektronischen Steue- rung wurde die Dehnposition der ischiocrualen Muskulatur in einer Geschwindigkeit von 1,5°/Sek. erreicht und schließlich wieder verlassen. Hierbei war die Wirbelsäule fixiert. Die Winkelmessungen	Eine 3-wöchige Eingewöh- nungsphase wurde von den Teilnehmern vor der Studie absolviert. Danach erfolgte eine zufällige Einteilung in 3 Gruppen, welche jeweils eine standardisierte Test-Methode durchführten. Die direkte Ei- gendehnung (DE) am Seil- zug war der erste Test. Der zweite beinhaltete eine indi- rekte Eigendehnung (IE) durch selbstständige Bedie- nung eines Motors. Bei dem dritten Test handelte es sich um eine indirekte Fremddeh- nung (IF), bei der der Testlei- ter den Motor bediente. Nach einem Warm-Up von 5 Min. auf einem Fahrradergometer bei 1,5 Watt/kg Körperge- wicht erfolgte die Bestim- mung der Beingewichtskraft bei einem Winkel von 45° Hüftstreckung, sowie gleichzeitiger Kniebeugung. Anschließend wurde das zu testende Bein 15x nachei- nander in die maximale Dehnposition gebracht und sofort wieder gelöst. Als Un- tersuchungsobjekt galten die

	wurden durch digitale Drehimpulsgeber vorgenommen (S.6-7).	kurzfristigen Veränderungen der Bewegungsreichweite der Testpersonen, in Abhängigkeit von der jeweiligen Test-Methode. Die im Kniegelenk maximale gemessene Reichweite diente hierbei als Messwert (S. 68 – 69).
Welche relevanten Ergebnisse/ Schlussfolgerungen lieferte die Studie?	Insgesamt 42 Fälle konnten als verwendbar verzeichnet werden. Diese zeigten auf, dass beide Methoden zu einer kurzfristigen Verbesserung der Bewegungsreichweite führten. Bei der Auswertung von Vor- und Nachtest wurde deutlich, dass die maximale Dehnmethode (7,24° ± 4,19°) eine weitaus größere Verbesserung im Vergleich zur weichen Dehnmethode (3,29° ± 4,53°) erzielte. Die Dehnschwelle wurde bei keinem der Versuche verschoben (S. 7-8).	Die Studie zeigte aus, dass bei direkter Eigendehnung (DE) die Bewegungsreichweite 5% höher lag als bei der indirekten Eigen- und Fremddehnung (IE, IF). Bei der DE betrug die Reichweite 3,8% mehr als bei der IE. Der Unterschied zwischen der DE und der IF war mit 4,7° noch größer. Daraus ergibt sich die Schlussfolgerung, dass die DE effektiver und, laut Aussage der Probanden, auch angenehmer ist, als die anderen beiden getesteten Methoden (S.69).

6   Literaturverzeichnis

Chwilkowski, C. (2006). *Medizinisches Koordinationstraining – Verbesserung der Haltungs- und Bewegungskoordination durch Propriozeption* (2. Auflage). Köln: Deutscher Trainer Verlag.

Eifler, C. (2015). *Studienbrief Medizinische Grundlagen.* Saarbrücken: Deutsche Hochschule für Prävention und Gesundheitsmanagement.

Eifler, C. (2015). *Studienbrief Trainingslehre III – Gesundheitsorientiertes Beweglichkeits- und Koordinationstraining.* Saarbrücken: Deutsche Hochschule für Prävention und Gesundheitsmanagement.

Glück, S. & Schwarz, M. & Hoffmann, U. & Wydra, G. (2002). *Bewegungsreichweite, Zugkraft und Muskelaktivität bei eigen- bzw. fremdregulierter Dehnung. Deutsche Zeitschrift für Sportmedizin.* 53 (3), 66-71. Zugriff am: 02.07.2016. Verfügbar unter: http://docplayer.org/276047-Originalia-auswirkungen-eigen-und-fremdregulierter-dehnung.html

Häfelinger, U. & Schuba, V. (2007). *Koordinationstherapie - propriozeptives Training* (3. Auflage). Aachen: Meyer & Meyer.

Hohmann, A., Lames, M. & Letzelter, M. (2002). *Einführung in die Trainingswissenschaft* (2. Auflage). Wiebelsheim: Limpert.

Marschall, F. (1999). *Wie beeinflussen unterschiedliche Dehnintensitäten kurzfristig die Veränderung der Bewegungsreichweite? Deutsche Zeitschrift für Sportmedizin.* 50 (1999) 1, S.5-9. Zugriff am: 03.07.2016. Verfügbar unter: http://www.zeitschrift-sportmedizin.de/artikel-online/archiv-1999/heft-1/

Schönthaler, S. R. & Ohlendorf, K. (2002). *Biomechanische und neurophysiologische Veränderungen nach ein- und mehrfach seriellem passiv-statischem Beweglichkeitstraining.* Köln: Sport und Buch Strauß.

Sölveborn, S.-A. (1983). *Das Buch vom Stretching. Beweglichkeitstraining durch Dehnen und Strecken.* München: Mosaik.

World Health Organisation. (2000). *Obesity: Preventing and Managing the Global Epidemic – Report of a WHO Consultation.* Zugriff am 01.07.2016. Verfügbar unter https://books.google.de/books?hl=de&lr=&id=AvnqOsqv9doC&oi=fnd&pg=PA1&dq=world+health+organisation+bmi&ots=6UJ7bkXWaJ&sig=1CVEY_YZaWHolsCz-hOcuZFy_YMg#v=onepage&q&f=false

7 Tabellenverzeichnis

7.1 Tabellenverzeichnis